*Melany de Isabeau*

Er wird vielleicht deine Schuhe zerstören,
aber er wird dir nie das Herz brechen...

# ...BILDBAND...
# SCHÖNE BILDER

© 2022, Melany de Isabeau
Herstellung und Verlag:
BoD – Books on Demand,
Norderstedt
ISBN: 9783746025995

3

Ich weiß, ich bin nur ein Hund, aber ...
Wenn Du traurig bist, bin ich Dein Lächeln
Wenn Du weinst, tröste ich Dich
Und Dein gebrochenes Herz heile ich

Ich bin immer für Dich da

Das Beste was dir passieren kann …
du wachst auf und hast einen Hund!

17

19

21

24

Ich werde nicht bis an dein Lebensende dein bester Freund sein, denn so lange lebe ich nicht. Aber ich werde es bis an mein Lebensende sein.

27

37

39